EXAMEN

DU

BUDGET DE 1832.

RÉFORMES FINANCIÈRES,

EXAMEN THÉORIQUE ET PRATIQUE DE L'AMORTISSEMET ;

RECONSTITUTION DES RENTES VIAGÈRES ;

MOYEN DE SUPPRIMER IMMÉDIATEMENT LA TOTALITÉ DES IMPÔTS DU SEL, DES BOISSONS, DU TABAC ET DE LA LOTERIE ;

Par Emile Pereire.

PARIS.

AU BUREAU DE LA REVUE ENCYCLOPÉDIQUE,

RUE DES SAINTS-PÈRES, n° 26.

DÉCEMBRE 1831.

EXAMEN

DU

BUDGET DE 1832.

Quand on observe attentivement le progrès de l'humanité, quand on voit comment se sont successivement fondées et étendues les grandes nations, on reconnait que les hommes sont nés pour l'association, et que c'est par l'harmonie de leurs efforts qu'ils peuvent se développer et travailler réciproquement à augmenter la masse de leurs jouissances.

Ceux donc qui sont investis de la direction des peuples doivent se proposer uniquement pour but de resserrer le lien de l'*association*, en cherchant à améliorer de plus en plus le sort de tous ses membres.

Posée dans ces termes généraux, la théorie gouvernementale sera facilement comprise, et elle trouvera peu de contradicteurs.

Cependant, quand on sort des généralités et qu'on jette les yeux sur le présent, que voit-on? déchiremens, antagonisme, exploitation du faible par le fort. En présence d'un tel spectacle, il est facile de concevoir que, dans le délire d'une amère philanthropie, un philosophe éloquent ait pu exalter les douceurs de la vie sauvage, et montrer dans l'association des hommes la cause de leur dépravation et de tous les malheurs?

(4)

Certainement, quand au sein de nos cités populeuses, on voit
l'immense majorité des hommes toujours en lutte avec la souffrance
et la mort, dans des greniers infects, où ils ne peuvent se garantir
de la rigueur des frimats, où ils dévorent une nourriture mauvaise
et insuffisante, sans cesse menacés de voir encore s'accroître leur
misère par quelque dérangement momentané de l'équilibre in-
dustriel, qu'un capricieux hasard semble aujourd'hui mouvoir et
suspendre à son gré; alors, en présence de tous ces maux, il est
permis, à qui ne se sent point la force d'y remédier, de regretter
la vie des bois, où l'homme dispute son existence aux élémens,
aux animaux féroces; mais où du moins chacun est l'arbitre de sa
propre destinée, où les fruits spontanés de la terre, les produits
de la pêche et de la chasse, sont à qui les recueille.

Qu'aujourd'hui le *prolétaire* promène ses regards avides dans
les rues d'une capitale : tout y est richesse, tout y est luxe, tout
y semble fait pour charmer, embellir la vie... Mais si, comme
d'autres, il veut vivre ? tout fruit de la terre a un propriétaire,
tout vêtement a un propriétaire, tout abri protecteur a un propriétaire : le *prolétaire* a faim, il a froid, il est nu.... N'importe !
il y a des lois; et si les balances de la justice sont inégales, son
glaive est puissant !

Oh ! si un pareil *ordre* devait être éternel, Rousseau n'aurait
point menti à la loi du *progrès* en considérant l'homme civilisé
comme un animal dépravé ; ce ne serait pas non plus un blas-
phème devant Dieu que de croire au dogme des *deux natures*,
jadis professé par les sages de la Grèce et de Rome, à l'existence
de la race *libre* et de la race *esclave* ; car ces croyances antiques,
comme ces écarts misanthropiques d'un grand génie, trouveraient
leur justification dans l'organisation sociale actuelle, où la terre
et ses fruits sont le partage de quelques mortels privilégiés, tandis
que pour le plus grand nombre il n'y a que travail pénible et
privations.

L'ordre féodal a été détruit sous les coups portés par la philosophie du dix-huitième siècle ; mais le servage, qui en était la conséquence directe, s'est maintenu sous une autre forme, sous les haillons du prolétariat ; c'est aux efforts d'une religieuse philantropie, qu'est réservé au dix-neuvième siècle l'œuvre immense d'en faire disparaître jusqu'aux dernières traces.

Mais cette œuvre ne saurait être complète que lorsqu'un nouveau lien moral aura enseigné aux hommes à s'aimer réciproquement, non d'un amour mystique, mais d'un amour fécond, réel ; lorsque les *droits de l'homme* n'auront plus pour base une égalité de convention, une liberté factice, mais bien une large appréciation des besoins et des aptitudes de tous ; d'après laquelle *chacun* pourra trouver une équitable rémunération de ses services et de ses vertus.

Ce but doit-être progressivement atteint, et toutes les révolutions qui ont changé la face des empires en ont hâté la réalisation. L'œuvre pacifique est désormais commencée, et déjà dans l'ordre actuel se trouvent les élémens à l'aide desquels on peut dès aujourd'hui travailler à cimenter l'union qui doit s'établir sans secousse entre tous les membres de la société ; union qui toutefois ne sera durable que lorsqu'on aura offert un soulagement aux souffrances qui affligent le plus grand nombre. Depuis la révolution de juillet, la législation *abstraite* des droits et des garanties a témoigné de son impuissance à remédier à ces maux, et la raison c'est qu'elle est sans rapport avec les besoins réels des peuples ; c'est donc à la législation *positive*, c'est aux *lois de finances* qu'il appartient de tenter ce que la métaphysique parlementaire n'a pu réaliser. Lorsqu'on sera entré dans cette voie, on sentira qu'en faisant de la finance on peut faire aussi de la haute politique.

En adoptant ce point de départ, le devoir des législateurs chargés de la confection d'un budget ne peut donc consister, comme on semblait le penser sous la restauration, dans cette petite guerre de tirailleurs, à la suite de laquelle les combattans chantaient victoire alors qu'ils avaient emporté quelques lambeaux de traitement, ou lorsqu'ils avaient saisi quelques sinécures à l'embuscade. Certainement, en promenant scrupuleusement la loupe sur les divers chapitres du budget, il serait facile de trouver beaucoup d'abus de détail à détruire ; il est à présumer cependant qu'on s'en exagère l'importance, et ce n'est point par de mesquines réformes qu'on pourra se promettre de soulager efficacement les contribuables du poids des impôts dont ils sont accablés.

Trouver la véritable *assiette de l'impôt* est un des problèmes qui ont le plus préoccupé les hommes d'État ; différens systèmes ont été produits, divers essais ont été successivement tentés, et cependant la question reste encore à résoudre. La cause en est facile à saisir : c'est que jusqu'à ce jour les lois ont été faites *par* et *pour* les propriétaires, et qu'ils ont toujours eu principalement en vue d'établir un mode de perception de nature à augmenter le *revenu public*, sans affecter essentiellement leurs *revenus particuliers*. Mais dans la combinaison des lois fiscales qu'ils ont instituées, n'ayant point su apprécier le mécanisme général de la formation et de la distribution des richesses, il est arrivé qu'en grevant la *production* de taxes énormes, ils ont entravé le développement du travail, et que, par une réaction inévitable, ils se sont frappés avec leurs propres armes ; car les détours multipliés de leur fiscalité ont considérablement accru les frais de perception, partant la masse des impôts (1) ; et comme en définitive, quelles

---

(1) Voici le rapport de produits des divers impôts, avec les frais de perception qu'ils occasionnent ; nous en avons retranché les impôts qui nécessitent des frais d'*exploitation*, tels que les postes, les tabacs, les poudres, les forêts ; par la raison qu'une partie de ces frais est employé d'une manière reproductive :

L'enregistrement, le timbre et les domaines produisent brut. . .		196,225,000
Frais de l'administration centrale.	568,200	
Frais départementaux et de perception.	9,647,750	10,215,950
		186,009,050

que soient les voies par lesquelles les capitaux arrivent au trésor, le budget est prélevé sur l'ensemble des *revenus particuliers,*

Les cinq contributions directes produisent brut. 372,746,909

Frais de l'administration centrale. . . . . . . 1,000,000 ⎫
Cadastre. . . . . 6,000,000 ⎬ 25,657,700
Frais de perception dans les départemens. . . . . 18,657,700 ⎭

                    Net,   .   347,089,209

Le sel produit brut (ce qui est perçu par l'admin. des douanes) . 51,300,009

Administration centrale (prélevés par évaluation sur
                    les douanes.)   150,000 ⎫ 5,150,000
Frais de perception   idem. . . . . 5,000,000 ⎭

                    Net,   46,150,000

Les douanes produisent brut. 103,000,000

Administration centrale (déduction faite de 150,000
    pour les sels.) . . . . 252,800 ⎫ 18,470,498
Frais de perception (déduction faite de 5,000,000, id.) 18,217,698 ⎭

                    Net,   84,529,502

Les contributions indirectes (boissons, voitures, sels, navigation, etc.) 99,520,000

Administration centrale. . . . . 576,000 ⎫ 20,525,600
Frais de perception. . . . . 19,949,600 ⎭

                    Net,   78,994,400

La loterie produit brut. 29,000,000
A déduire pour lots échus. 21,000,000

                            8,000,000   8,000,000

Administration centrale. . . . . 387,500 ⎫ 2,262.200
Frais de perception. . . . . 1,874,700 ⎭

                                  5,737,800

Les frais de perception s'élèvent donc sur :

L'enregistrement, à	5 f. 20 c. p. 100	sur le prod. brut, et à	5 f. 50 c.	sur le net.	
Contrib. directes	6 90	id.	7 35	id.	
L'impôt du sel	10	id	11	id.	
Les douanes	18	id.	21 80	id.	
Contrib. indirectes	20 60	id.	26	id.	
La loterie	28 25	id.	39 49	id.	

Au moyen des réformes financières que nous proposons les frais de perception

il a dû résulter de leur système, qu'en exploitant les travailleurs, ils ont augmenté les charges de la propriété. Il suffit seulement, pour s'en convaincre, d'examiner l'accroissement qu'a éprouvé, depuis quinze années, la dette publique ; et, si l'on ne veut point se faire illusion, qu'on se demande quelle est et quelle doit être en définitive la garantie du paiement des intérêts des rentes, sinon le *revenu oisif ?*

Avec l'importation de la constitution anglaise, la restauration a importé en France les préjugés financiers de la Grande-Bretagne. L'expérience avait démontré que l'Angleterre, pour lutter avec la révolution française, avait pu entretenir de nombreuses armées et une puissante marine ; elle avait également supporté le fardeau toujours croissant d'une dette énorme ; son industrie était prospère, et c'est principalement dans les contributions indirectes que gisait la source de ses revenus : un tel précédent était une vérification trop palpable, pour qu'on ne fût point porté à conclure que la fiscalité anglaise, de même que sa constitution, pouvait servir de type aux États qui sentaient le besoin de s'organiser en vue du travail. Le système anglais fut donc préconisé en France par les hommes de tous les partis.

Les impôts dits de consommation avaient effectivement une apparence attrayante ; remplir les caisses publiques de moissons

---

et d'exploitation la totalité des recettes ne s'élèvraient en moyenne qu'à

8 fr. pour 100 fr. sur le produit brut, et à 8 fr. 55 c. sur le produit net.

Tandis que, sur le budget présenté par M. le ministre des finances, cette moyenne s'élève à

12 fr. 20 c. pour 100 fr. sur le produit brut, et à 14 fr. sur le produit net.

On voit que les impôts qui frappent plus particulièrement les classes pauvres, sont ceux dont la perception est la plus onéreuse ; tandis qu'au contraire ceux qui atteignent plus particulièremet les classes riches, n'occasionnent que des frais très-modérés ; des considérations financières, tout aussi bien que des considérations politiques et morales, réclament donc la prompte suppression des impôts du sel, de la loterie, des boissons et du tabac. Nous dirons bientôt comment cette suppression est immédiatement possible.

chaque jour plus abondantes, au moyen d'un procédé presque insensible ; sans huissiers, recors, ni garnisaires ; sans être obligé de vendre sur le marché le mobilier du contribuable insolvable, et surtout sans non-valeurs ! C'était le beau idéal de la bureaucratie. Chacun, disait-on, était *libre* de payer ou de ne point payer, c'est-à-dire que chacun pouvait à son gré, en consommant ou bien en ne consommant pas, activer ou ralentir la perception. Chacun *libre !* Quoi de plus beau pour un peuple impatient de briser ses chaînes !... La morale politique a fait depuis lors d'assez rapides progrès pour qu'on puisse se dispenser de faire ressortir tout ce qu'il y avait d'amèrement dérisoire dans une semblable argumentation.

On reconnaît aujourd'hui que les impôts indirects étant établis sur les objets de première nécessité, nul ne peut s'en affranchir ; on reconnaît aussi que c'est une véritable *capitation*, que c'est le mode de perception le plus injuste, puisqu'il frappe *également* le pauvre et le riche ; on reconnaît enfin que ces impôts sont éminemment nuisibles à la *consommation*, partant à la *production*, et que dès lors, en *augmentant les privations* du pauvre, ils diminuent aussi ses *moyens de travail*. Du reste, on commence aujourd'hui à comprendre que ce système de finances, loin de rendre l'Angleterre florissante, est au contraire dans son sein une cause perpétuelle d'agitation et de désordres, d'où résultera infailliblement une crise épouvantable, si de prompts et efficaces remèdes ne sont apportés à la misère qui afflige les prolétaires anglais.

On conçoit toutefois qu'en Angleterre, où l'influence politique est exclusivement attribuée à l'*aristocratie*, les lois ont dû être une continuation de l'exploitation des classes inférieures ; on conçoit également que les financiers de la restauration aient suivi de semblables erremens, car les hommes de l'émigration ne pouvaient avoir de très-vives sympathies pour le petit peuple, pour le *tiers-état*. Mais on ne concevrait point qu'après la révolution de juillet, le système des *torys* anglais ou des féodaux de Coblentz et de Gand pût être religieusement conservé par la bour-geoisie libérale qui tient aujourd'hui les rênes du gouvernement.

Les budgets de 1831 et 1832 sont donc de funestes anomalies, car ils ne sont que le calque plus ou moins servile de tous les budgets de la restauration. Le budget de 1831 a été voté d'urgence ; celui de 1832 va subir l'épreuve d'un examen rigoureux : s'il ne devait sortir de la discussion qui va s'ouvrir que des modifications insignifiantes, on serait autorisé à penser qu'en finances, bien mieux encore qu'en politique, on aurait eu raison de dire que la révolution de juillet n'avait été qu'un simple *accident*, *la punition d'un parjure, un retour à la Charte;* qu'elle avait été *politique* et nullement *sociale*, etc., etc. En un mot, on serait forcé de reconnaître que la comédie est la même, à cela près pourtant que les acteurs sont changés.

Quelle que soit cependant la puissance de l'esprit de routine, quelle que soit la répugnance qui se témoigne dès qu'il s'agit d'innover, on a senti que l'état des finances de la France réclamait de grandes modifications, mais on a jugé convenable d'ajourner les améliorations, et de ne les produire que dans le budget de 1833. En attendant le mal empire, les souffrances s'aigrissent ; et depuis que M. le ministre des finances a présenté ses budgets, la situation de la France a dû indiquer à la chambre des députés que le mal était trop grand pour que les améliorations pussent être ajournées : les désordres graves qui ont éclaté à Bordeaux, à Strasbourg, à Perpignan, à Orange, à Villefranche, à Cahors, à Brives, à Aurillac, à Béziers et dans vingt autres localités, à l'occasion de la perception des impôts indirects, sont un avertissement des dangers que pourrait entraîner la conservation d'un système financier qui blesse aussi profondément la morale que la prospérité publique.

Nous allons reproduire le résumé du budget de 1832, tel qu'il a été présenté à la chambre des députés par M. le baron Louis : nous indiquerons ensuite les modifications qu'il serait immédiate-ment possible de lui faire subir.

RELEVÉ GÉNÉRAL DU BUDGET DE 1832.

DÉPENSES.

PREMIÈRE PARTIE. — DETTE PUBLIQUE.

RENTES 5, 4 ¹/₂, 4 ET 3 °/₀ INSCRITES AU GRAND LIVRE.

Au compte des compagnies et des particuliers.	168,580,825	
Intérêts des rentes à inscrire.	4,250,000	
Rentes qui seront acquises, le 1ᵉʳ janvier 1832, par la Caisse d'amortissement et dont l'intérêt lui sera payé.	42,937,417	258,861,863
Fonds d'amortissement.	43,093,621	
Intérêts de capitaux et de cautionnemens. .	9,000,000	24,000,000
Intérêts de la dette flottante.	15,000,000	
Dette viagère.	6,200,000	
Pensions, civiles, militaires, ecclésiastiques, nationales, de la pairie, fonds de retraite des ministres.	56,389,654	62,589,654
Total.		345,451,517

DEUXIÈME PARTIE. — DOTATIONS

LISTE CIVILE.	(mémoire)
Chambre des pairs, Chambre des députés, Légion-d'Honneur.	4,602,417

TROISIÈME PARTIE. — SERVICES GÉNÉRAUX.

MINISTÈRE DE LA JUSTICE.

Administration centrale, conseil d'État, cours de cassation, royales, d'assises,	
A reporter.	350,053,934

	Report...	350,053,934

tribunaux, justices de paix et frais de justice criminelle (ces derniers compris pour 3,300,000 fr. dans la somme totale), ci. **19,469,700**

MINISTÈRE DES AFFAIRES ÉTRANGÈRES.

Administration centrale, traitemens, dépenses secrètes, missions extraordinaires. **7,502,000**

MINISTÈRE DE L'INSTRUCTION PUBLIQUE ET DES CULTES.

Administration centrale.	262,000			
Culte catholique . . .	33,727,600			
Culte protestant. . . .	750,000	34,542,600		37,379,600
Culte israélite.	65,000			
Colléges royaux et bourses royales.	1,675,000	2,575,000		
Instruction primaire..	900,080			

MINISTÈRE DE L'INTÉRIEUR.

Administration centrale.	580,000	
Lignes télégraphiques.	700,000	
(Porté comme extra) secours aux réfugiés étrangers.	600,000	3,380,000
Dépenses secrètes.	1,500,000	

MINISTÈRE DU COMMERCE ET DES TRAVAUX PUBLICS.

Ordinaire.	112,500,000	123,500,000
Extraordinaire	11,000,000	

MINISTÈRE DE LA GUERRE.

Service ordinaire.	177,306,000	307,434,000
Service extraordinaire.	130,128,000	

MINISTÈRE DE LA MARINE ET DES COLONIES.

Marine	59,000,000	65,000,000
Colonies.	6,000,000	

	A reporter.	913,719,234

Report. 913,719,234

MINISTÈRE DES FINANCES.

Cour des comptes	1,249,000	
Administration centrale.	6,844,900	
Frais de liquidation et monnaies.	1,373,600	
Cadastre.	6,000,000	
Frais de service et de trésorerie.	3,000,000	22,787,500
Bonifications aux receveurs des finances sur le recouvrement des contributions directes.	2,000,000	
Taxations aux receveurs des finances pour l'encaissement des revenus indirects. . .	1,200,000	
Traitemens et frais de service des payeurs..	1,120,000	

QUATRIÈME PARTIE. — FRAIS DE RÉGIE, DE
PERCEPTION , etc.

Frais administratifs et de perception des contributions directes.	18,096,400	
Idem de l'enregistrement, du timbre et des domaines.	9,647,750	
Idem de surveillance et d'aliénation des forêts.	4,238,800	
Idem de perception des douanes	23,217,698	
Exploitation des tabacs.	21,313,000	
Postes , service administratif et transport.	17,276,585	118,211,833
Frais administratifs et perception de contributions indirectes.	19,949,600	
Frais administratifs et perception des poudres à feu.	2,312,300	
Frais administratifs et de perception de la loterie.	1,874,700	
Salines et mines de sel de l'est	185,000	
Remises sur les coupes de bois.	100,000	

A reporter. 1,054,718,567

Report................   1,054,718,567

CINQUIÈME PARTIE. — REMBOURSEMENS, RESTITUTIONS ET PRIMES.

Restitutions et non valeurs sur les contributions directes.	24,862,445	
Remboursemens de sommes indûment perçues sur produit indirectes.	2,015,000	
Restitutions de produits d'amendes, etc. .	3,312,000	42,989,445
Prime à l'exportation des marchandises . .	10,000,000	
Escompte sur droits de douane et sels. . .	1,800,000	

Total des dépenses.   1,097,708,012

RECETTES.

CONTRIBUTIONS DIRECTES EN PRINCIPAL

ET EN CENTIMES ADDITIONNELS.

(Les 30 c. extraordinaires sont retranchés.)

Contribution	foncière.	244,873,409	
Idem	personnelle..	29,400,000	
Idem	mobilière.	35,665,000	
Idem	portes et fenêtres.	32,340,000	372,746,909
Idem	patentes.	29,818,500	
Frais de premier avertissement.		650,000	

A reporter.   372,746,909

Report 372,746,909

PRODUITS INDIRECTS ET DIVERS.

Contributions sur les bois des communes. .	1,177,000	
Enregistrement, greffes et hypothèques...	153,458,000	
Timbre.	27,960,000	
Revenus et prix de domaines, domaines et bois engagés ou échangés.	11,807,000	
Forêts.	24,000,000	
Douanes.	103,000,000	
Sels. 51,300,000		
Idem, (perçus par l'administr. des contribut. ind. 7,360,000	60,060,000	
Idem, salines de l'est. . . 4,400,000		
Boissons, fabricat. de bières, licences, etc.	69,800,000	605,839,482
Voitures, cartes, 10e des octrois, navigation, matières d'or et d'argent, etc..	22,360,000	
Tabacs....	67,300,000	
Poudres.	4,180,000	
Postes.	34,290,000	
Loterie.	8,000,000	
Jeux	5,500,000	
Produits divers, créance d'Espagne, amendes, etc.	12,947,482	

RESSOURCES EXTRAORDINAIRES.

Affectation et transport à 1832 de l'excédant des ressources du budget de l'excédant de 1831	131,467,267	181,467,267
Produits de la vente des bois.	50,000,000	

Total des recettes........ 1,460,053,658

De l'examen des dépenses publiques, il ressort :

1° Que certains chapitres importans ne peuvent être modifiés qu'en raison des modifications que la politique générale pourra éprouver ; telles sont les dépenses de la guerre, de la marine et des colonies.

2° Que d'autres chapitres peuvent subir immédiatement une révision, une réforme complète, parce qu'ils sont la conséquence d'un faux système de finances : tels sont ceux de l'amortissement et des impôts indirects.

Nous ne nous occuperons pas spécialement des réformes qui touchent au système politique ; nous ne pouvons cependant point nous dispenser d'indiquer que le moment n'est sans doute pas éloigné où l'on pourra largement modifier le système des armées permanentes, si ruineux pour les États européens, car l'organisation des gardes nationales ne serait qu'une grande superfétation, si elle ne permettait point d'alléger les contribuables des sacrifices en hommes et en argent qui leur sont imposés. Il est également à présumer que le système colonial sera l'objet d'un sérieux examen, et que l'on pourra se demander si, pour conserver quelques îles et quelques points de relâche en Afrique et dans les Indes, la France doit s'imposer les dépenses énormes que ces prétendues colonies occasionent, et accorder en outre aux colons *propriétaires* le monopole, si onéreux pour tous les consommateurs français, de la vente des denrées coloniales.

Nous allons donc commencer par indiquer les réformes financières que le budget peut immédiatement éprouver.

SUPPRESSIONS A OPÉRER SUR LE CHAPITRE DES DÉPENSES DU BUDGET DE 1832.

Dotation de la caisse d'amortissement......................... 43,093,621
Rentes acquises par la caisse d'amortissement............... 42,937,417
Les réformes dont il sera parlé plus bas permettant la suppression des impôts du sel, des boissons, du tabac et de la loterie, il faut retrancher les frais de perception, de régie et d'administration que ces impôts occasionent : voici l'évaluation de ces retranchemens :
Cour des comptes, 1,249,000. — Suppression............... 600,000

A reporter................. 86,631,038

Report....................... 86,631,038

Sur l'administration centrale (voir la note n° 1)........... 2,100,000

Frais de trésorerie, 3,000,000. — Suppression........... 1,000,000

Taxations pour recouvrement des revenus indirects et frais de
service des payeurs, ensemble 2,320,000. — Suppression.. 1,200,000

Frais de perception de l'impôt du sel (compris dans les frais
des douanes)........................... 5,000,000

Frais de perception des salines de l'Est.................. 185,800

Escompte sur les droits de consommation du sel (budget,
p. 562)................................. 1,400,000

Exploitation des tabacs...................... 21,313,000

Frais de perception des contributions indirectes........... 49,949,600

Idem   de la loterie...................... 1,874,700

Restitutions de droits et amendes indûment perçus (budget,
p. 562)................................ 745,000

Primes à l'exportation (les motifs de cette suppression seront
énoncés plus bas)........................... 10,000,000

Ensemble des suppressions................. 151,398,338

On a déjà vu que l'ensemble des dépenses ordinaires et extraordinaires s'élevait, pour 1832, à.................... 1,097,708,012

Si l'on en retranche........................... 151,398,338

Il restera........................... 946,309,674

Pour établir les recettes correspondantes, nous pensons qu'il
faudrait maintenir, pour 1832, les 30 cent. additionnels perçus en
1831 sur la contribution foncière. La suppression des impôts du
sel, des *boissons*, du *tabac* et de la *loterie*, serait un dédommagement suffisant pour les propriétaires.

BUDGET DES RECETTES POUR 1832 TEL QU'IL POURRAIT ÊTRE

ÉTABLI.

Les cinq contributions directes s'élèvent d'après le budget de
1832, à.................................. 372,746,909

Les 30 cent. additionnels supprimés de 1831 (f° 51)....... 46,438,808

A reporter............. 419,185,717

Report.....................	419,185,717
Contributions sur les bois des communes.................	1,177,000
Enregistrement, greffes et hypothèques..................	153,458,000
Timbre............................	27,960,000
Revenus et prix des domaines, domaines et bois engagés et échangés..	11,807,000
Forêts..............................	24,000,000
Douanes.............................	103,000,000
Voitures, cartes, 10° des octrois, navigation, péages, matières d'or et d'argent, etc....................	22,360,000
Postes.............................	34,290,000
Poudres............................	4,180,000
Produits divers, créance d'Espagne, amendes, etc.........	12,947,482
Total.....................	814,365,199
Affectation et transport à 1832 de l'excédant des ressources du budget de 1831.....................	131,467,267
Produit de la vente des bois........................	50,000,000
Total.....................	995,832,466

ÉTAT DES MODIFICATIONS QUE LE BUDGET DES RECETTES AURAIT ÉPROUVÉES.

On aurait supprimé :

Les droits sur le sel...................	60,060,000
Idem sur les boissons.............	69,800,000
Le produit de la vente des tabacs........	67,300,000
Idem de la loterie................	8,000,000
Idem de la ferme des jeux.........	5,500,000
Ensemble	210,660,000
On aurait rétabli par contre les 30 cent. additionnels de la contribution foncière........	46,438,808
Et l'on aurait obtenu une réduction sur la masse des impôts de	164,221,192

Le chiffre total du budget de 1832, établi par M. le ministre des finances, s'élève :

Pour les recettes à.........................	1,160,053,658
Pour les dépenses à........................	1,097,708,012
Excédant destiné à amortir la dette flottante.......	62,345,646

Il résulterait des modifications que nous avons indiquées sur le même budget que le chiffre total

Des recettes serait réduit à................... 995,852,466
Et que celui des dépenses serait également réduit à 946,509,674

Excédant disponible....................... 49,522,792

L'excédant de recette qui résulte du budget du ministre dépasse le nôtre de 12,822,854 fr. Mais on conviendra sans peine que, par suite des suppressions que nous avons proposées sur les impôts indirects, *la consommation* et *le travail* devraient éprouver un accroissement notable, et qu'il en résulterait pour la richesse publique une telle amélioration que les revenus de l'enregistrement, du timbre, des patentes, des douanes, des postes et des produits divers, devraient également s'accroître dans une proportion très-forte.

Il resterait à prélever, soit sur ces accroissemens de revenu, soit sur l'excédant disponible, une somme de 10 à 15 millions, pour accorder aux employés congédiés une demi-solde temporaire ou viagère, selon la durée du service.

Après avoir groupé des chiffres, indiqué des retranchemens, et conseillé des additions, il nous reste à justifier le système financier que nous venons d'exposer.

Dans cette justification, l'amortissement doit évidemment jouer le principal rôle : cette économie une fois admise, nous n'aurons pas besoin de faire de grands efforts pour convaincre de l'utilité de la suppression des impôts du sel, des boissons, du tabac, de la loterie et des jeux; et, hormis les employés supérieurs de ces administrations financières, nous pensons que ces mesures se concilieraient facilement tous les esprits et satisferaient tous les intérêts. C'est donc de l'amortissement que nous devons d'abord nous occuper.

Depuis long-tems ces questions ont été posées : Est-il néces-saire de consacrer à chaque emprunt contracté par le gouverne-ment un fonds destiné à en opérer le rachat dans un tems plus ou moins éloigné? Le fonds d'amortissement est-il une garantie nécessaire aux prêteurs? Est-il pour l'État emprunteur la condi-tion indispensable d'un bon système financier?

Il y a déjà quelques années qu'en Angleterre ces questions ont été résolues négativement; le fonds d'amortissement y a été sup-primé, et l'excédant du revenu est *seul* consacré à l'extinction de la dette; il est bon d'ajouter que cette dernière restriction est illusoire; car au fur et à mesure que les revenus s'accroissent, on réduit l'on ou abolit des impôts.

En France, les personnes qui se sont occupées de finances ou d'économie politique, reconnaissent l'inutilité de l'amortisse-ment, et comme mesure de crédit, et comme garantie des prê-teurs. D'autres défendent encore ce vieux préjugé financier par des motifs tirés de la légalité et du respect des droits acquis. Le plus petit nombre, servilement attaché aux traditions du passé, préconise encore *les prétendues merveilles de l'intérêt composé*, et ne voit que la *banqueroute* dans la suppression du fonds con-sacré à l'extinction de la dette.

Il est facile de réduire à leur juste valeur ces divers argumens. Nous prétendons, nous, que la condition essentielle du maintien du crédit consiste uniquement dans la bonne gestion des affaires publiques, et dans le service régulier des intérêts; toutes autres considérations sont de pures illusions, des leurres dont les esprits étroits peuvent seuls se bercer.

On compare assez vulgairement les affaires de l'État à celles des particuliers, et l'on dit que ses finances ne peuvent être prospères, qu'il ne peut éviter de grandes catastrophes qu'en cherchant à *se libérer*. Dans une certaine limite le raisonnement est juste; mais cette comparaison est viciée par un élément dont on ne tient point assez compte : c'est la question du *tems*, de l'*op-portunité*. Ceux qui se complaisent dans un tel rapprochement ne songent point que *la vie* d'un particulier est limitée, et qu'au contraire *la durée* d'un État est *sans bornes* ; et c'est en confondant deux choses aussi distinctes qu'on cherche à imposer à l'État les mêmes conditions qu'aux individus.

La question principale, celle qui doit dominer tout examen de l'amortissement, est celle-ci : Lorsqu'une dépense extraordinaire est urgente, est-il plus avantageux de demander les capitaux à *l'emprunt* ou bien à *l'impôt?* Nous ne craignons point d'être démentis en affirmant que le *mode d'emprunt* est dans ce cas préférable au *mode d'impôt*, en ce qu'il prélève les capitaux sur les *revenus*, tandis que l'impôt les enlève à *la production*. Et pour préciser les termes, nous dirons que si l'on avait été obligé de prélever sur les contribuables les sommes dont se compose la dette publique, au fur et à mesure qu'elles ont été nécessaires, nous posons en fait qu'il eût été radicalement impossible de les obtenir, et qu'on n'aurait même pu le tenter sans épuiser les sources du travail.

Ce point une fois admis, n'est-on point autorisé à résoudre affirmativement la question suivante : Si *l'emprunt* est préférable à *l'impôt*, *l'impôt* destiné à annuler un *emprunt* n'est-il point par là même éminemment nuisible?

Il est évident en effet que le mécanisme de l'amortissement a pour objet de détruire les avantages qui sont attachés au mode d'emprunt, puisqu'il prélève des capitaux là où ils sont *utilement employés* ; c'est-à-dire qu'il les prend dans les mains des contribuables qui, en masse, en retirent, en les appliquant à leurs travaux, un profit annuel bien plus considérable que l'intérêt de la dette publique; et cela dans le but d'offrir ces capitaux aux rentiers et aux capitalistes qui, en tant que capitalistes et rentiers, ne sont point dans le cas de les employer.

Après avoir posé la question en ces termes, il nous serait facile de revenir sur l'argument qu'on invoque à l'appui de l'amortissement, en prétendant que l'État doit agir comme un particulier. Nous pourrions demander quel est l'homme assez peu soucieux de ses propres intérêts, pour consentir à déplacer des capitaux qui fructifient, par exemple, à raison de 8 ou 10 pour cent par an (1), pour éteindre une dette constituée à l'intérêt de 4 ou 5 pour cent ? Et combien la question serait encore plus simplifiée si l'on songeait aux énormes frais de perception que ce déplacement occasionne !

« Mais, dira-t-on encore, la caisse d'amortissement n'avait
» pas seulement pour but d'opérer le rachat de la dette; on a
» même dû reconnaître que cette prétention était illusoire, car
» l'expérience a prouvé que les États ne pouvaient traverser une
» longue période d'années sans contracter de nouveaux emprunts;
» ce qu'on a voulu principalement se proposer en dotant cette
» caisse, c'est d'assurer aux porteurs des coupons de rentes un
» acquéreur journalier à la Bourse de Paris. »

Examinons la valeur d'un semblable argument (2).

Le fonds annuel de la Caisse d'amortissement, réuni aux intérêts des rentes qu'elle a achetées, s'élève aujourd'hui à 86,031,038 fr. Ce capital, également réparti, permet d'affecter *journellement* 280,000 fr. à l'achat d'environ *quinze mille francs de rente.*

Quand on compare ce résultat mesquin aux énormes opérations en rentes qui se traitent à la Bourse de Paris, on est surpris de l'importance qu'on attache à l'action de l'amortissement, et l'on est forcé d'en conclure que ceux qui paraissent le plus fermement attachés à la conservation de cette institution ne se sont

---

(1) L'intérêt *moyen* payé par tous les contribuables dans leurs relations commerciales dépasse dix pour cent. Dans les petites industries, dans le commerce de détail, un petit capital fructifie souvent, en se reproduisant, à raison de cent pour cent; qu'on calcule l'intérêt des faibles sommes qui dans les halles sont empruntées à la *petite semaine*, et l'on verra que nous sommes encore au-dessous de la vérité. C'est cependant sur les contribuables qui empruntent à ce taux que portent principalement les impôts dont nous avons proposé la suppression.

(2) L'auteur de cet article a publié dans le *Globe* les calculs qui vont suivre, et ils sont tellement rigoureux que personne n'a entrepris de les réfuter.

point suffisamment rendu compte de l'importance des opérations sur les fonds publics. Voici des chiffres :

La chambre syndicale des agens de change perçoit un droit de *cinq* francs sur chaque vente ou achat dont le *capital nominal* est de *cent mille* francs. Ce droit prélevé *seulement* sur les opérations qui s'effectuent d'agent de change à agent de change, c'est-à-dire dans le parquet de la Bourse, produit, année moyenne, environ *douze cent mille* francs, ce qui porte la totalité des négociations ainsi faites à un *capital nominal* de VINGT-QUATRE MILLIARDS, soit en *rente* UN MILLIARD DEUX CENTS MILLIONS. Mais la même opération donnant lieu à une vente et à un achat, pour obtenir le chiffre de l'opération réelle, il faut prendre la moitié de cette somme, et dès lors on trouve que l'ensemble des *opérations de l'année* s'élève :

En *capital*, à DOUZE MILLIARDS,

En *rentes*, à SIX CENTS MILLIONS.

Ces sommes réparties sur les 300 jours pendant lesquels la Bourse est annuellement ouverte, on trouve que le chiffre moyen des *opérations à* TERME s'élève CHAQUE JOUR :

En *capital*, à QUARANTE MILLIONS,

En *rentes*, à DEUX MILLIONS.

Si l'on ajoute maintenant à cette somme les opérations que chaque agent de change traite directement de *client à client* sans l'intermédiaire de ses collègues, opérations qui, quoique très-nombreuses, ne sont point soumises au droit prélevé par la chambre syndicale, et qui dès lors ne peuvent être évaluées ; si l'on ajoute également les rentes vendues *au comptant* (1), ainsi

---

(1) Relevé général du transfert des rentes pendant l'année 1830. — Extrait du compte général rendu par le ministre des finances, f°s 318 et suivans.

5 p. 100 en rentes,	109,600,487 fr. ;	en capital,	2,192,009,740 fr.
3 p.	idem,	71,304,847 fr. ;	idem ;	2,376,828,433 fr.
4 ½	id.,	317,334 fr. ;	id.,	7,054,866 fr.
4	id.,	7,607,958 fr. ;	id.,	190,198,950 fr.

que celles qui sont vendues en dehors du parquet, on aura *au moins* une somme égale à celle que nous venons d'indiquer.

Ainsi sur 80 millions d'opérations (1) qui se traitent *chaque jour* à la Bourse de Paris, quelle peut être l'influence des 280,000 francs que la Caisse d'amortissement vient quotidiennement y employer? C'est une goutte d'eau qui vient se perdre dans un gouffre immense. Et cependant combien de larmes amères, combien de privations cruelles, sont provoquées et entretenues par cette misérable goutte d'eau! Combien ce funeste emploi du budget que l'on jette chaque jour en bribes aux badauds de la Bourse pour les divertir, pour ne point contrarier les étroits calculs de leur ignorance et de leur routine, est déplorable en

---

Mouvement annuel en
rentes,   188,830,626 fr.;   en capital, 4,768,088,989 fr.

Ce qui représente un mouvement *journalier*, en rentes de   629,435
En capital de 15,893,630

Les 15,000 fr. de rentes achetées chaque jour par la caisse d'amortissement sont compris dans ce mouvement *quotidien* de 16 millions de transactions *au comptant* sur les fonds publics ; il est juste d'ajouter qu'il y a aussi dans ce relevé quelques transferts résultant de ventes à terme, et des doubles transferts provisoirement faits à des agens de change.

(1) On cherchera à nous opposer qu'une grande partie de cette somme ne repose que sur des opérations de *jeu*, que ce ne sont point des achats *réels* ; d'accord, mais chacune de ces opérations peut être immédiatement réalisée par un transfert ; et souvent la plus légère différence dans le prix du *report* (on appelle *report* la différence qui existe entre le prix des *rentes au comptant* et des *rentes à terme*) convertit une opération *à terme* en une opération *au comptant*. Du reste, lorsqu'il s'agit d'*amortissement*, on serait peu recevable à venir parler d'affaires *fictives*, d'affaires de *jeu*. Car l'amortissement en lui-même n'est qu'une grande *fiction*, et toutes les opérations qui en résultent ne sont que des affaires de *jeu*, puisqu'il est reconnu que depuis que la caisse d'amortissement est instituée, il a été émis par l'état une plus forte quantité de rentes qu'elle n'en a achetées.

face de la détresse industrielle et de la misère du plus grand nombre !

Après avoir examiné l'amortissement dans ses résultats généraux et dans son application journalière, il nous reste à traiter la question légale, qui consiste à savoir si, en supprimant ce fonds de rachat, on ne viole point les *engagemens contractés* envers les prêteurs.

Cette objection est sans contredit la plus spécieuse de toutes. « Si dans un contrat vous violez, dit-on, l'une des stipulations, » toutes les autres stipulations cessent d'être impératives : sup- » primez aujourd'hui le fonds d'amortissement pour cause d'uti- » lité publique, et pour la même cause rien ne s'opposera à ce » que demain on ne vienne réclamer la suppression du paiement » des intérêts. »

On voit que nous ne cherchons point à atténuer les argumens qu'on peut opposer au système que nous soutenons : et néanmoins sur ce terrain même la réponse est facile.

Si l'on se tient toutefois à une interprétation judaïque des lois qui régissent la matière, si l'on s'attache à la *lettre* d'un contrat et qu'on en néglige l'*esprit*, on pourrait en quelque sorte suspendre les effets des améliorations financières que nous proposons, quoique, même dans ce cas, on puisse trouver le moyen de concilier les esprits les plus rebelles, ainsi que nous le prouverons bientôt (1). Mais nous devons déclarer qu'une pareille interprétation des contrats est à nos yeux une contradiction manifeste avec toute l'histoire de l'humanité ; car si des textes morts avaient pu éternellement enchaîner les hommes, ils gémiraient encore

---

(1) A part les 3 millions de rentes 4 °/₀ qui ont été vendus à 102, 07 ¹/₂, le cours de TOUS les autres fonds publics est aujourd'hui à un prix *infiniment plus élevé* que celui auquel ils ont été émis. Les porteurs de coupons de rente 4 °/₀ seraient donc, à la rigueur, seuls recevables à réclamer le maintien de 1,700,000 fr. qui, dans la dotation de la caisse d'amortissement, sont destinés au rachat de cet emprunt.

sous le poids du régime des castes égyptiennes. Les *contrats publics* ne sauraient être assimilés aux *contrats privés* (et l'on sait même que ces derniers ne sont pas toujours impératifs) ; les *contrats publics* sont d'utiles barrières, en politique, contre le retour au passé ; en finances, contre l'oubli des principes d'équité et de loyauté ; en dehors de ce cercle, ils ont toujours été et ils seront toujours modifiés en vertu de la loi du progrès qui a fait que l'humanité s'est incessamment dégagée des entraves apportées à son libre développement. Ce ne pourrait donc jamais être en vertu d'un pareil principe qu'on pourrait déduire de la suppression du fonds d'amortissement la suspension du paiement des intérêts ; car si l'on observe attentivement la marche des sociétés, on voit le *crédit* public ou privé tendre toujours à se développer et à se raffermir davantage ; au fur et à mesure que le principe militaire, que le règne de la violence s'effacent et s'éteignent, on voit s'établir au sein des nations les plus civilisées ces relations cimentées par la *bonne foi*, par la *confiance* ; et l'un des signes les moins équivoques d'une civilisation arriérée peut incontestablement s'apprécier par l'absence des institutions de *crédit*.

On doit enfin sentir en France le besoin d'asseoir le *crédit public* sur ses bases véritables ; on doit sentir le besoin de le dégager des *fictions* indignes d'un grand peuple dont on s'est efforcé de l'entourer. Qu'on laisse aux *légistes* le culte des codes et des chartes ; en fait d'industrie et de finances, comme en fait de gouvernement, ils ont assez prouvé leur incapacité pour que leur autorité puisse être méconnue.

Le crédit d'un État, tout aussi bien que celui d'un particulier, ne se raffermit que lorsque, par une gestion de plus en plus éclairée, il tend à améliorer ses affaires, c'est-à-dire lorsqu'il diminue sa dépense et qu'il augmente ses revenus ; dès lors la solvabilité des États ne saurait, pas plus que celle des individus, consister dans le chiffre plus ou moins élevé de leurs dettes, mais bien dans le bon ou mauvais emploi des capitaux qui leur sont confiés.

La longue influence que les avocats ont exercée sur le maniement des affaires publiques nous a trop habitués à la métaphysique constitutionnelle ; c'est toujours par de pures *abstractions* qu'on a embrouillé toutes les questions, même celles qui par leur nature étaient exclusivement *positives*. On a fait de l'*État* un être *abstrait*, et l'on a dit : « Si l'État ne paie point ses dettes, il marche infailliblement vers la *banqueroute*. » Mais qu'est-ce donc que l'*État*, sinon le centre vers lequel tous les intérêts viennent converger? En finance, quel est donc le but que l'État doit se proposer, sinon une bonne administration des deniers de tous, des intérêts des contribuables comme de ceux des rentiers? Quand donc on peut démontrer qu'en continuant à amortir, l'État, indépendamment des 87 millions qu'il emploie annuellement au rachat des rentes, est obligé de sacrifier 60 millions en frais matériels de perception et disperdition de forces (1), on arrive à cette conclusion irréfragable, qu'il eût mieux valu, dans l'intérêt des contribuables et des rentiers, leur laisser la libre-disposition de ces 147 millions : car, soit dans leurs placemens industriels, soit dans leurs opérations en fonds publics, ces capitaux eussent eu une bien plus grande influence sur la baisse de l'intérêt, partant sur la hausse des effets de l'État.

Mais ce qui prouve encore mieux que tous les raisonnemens la vanité de l'institution de la caisse d'amortissement, comme moyen d'extinction de la dette, c'est le rapprochement du chiffre des rachats qu'elle a effectués, et des rentes qui, durant la même période, ont été émises. Depuis 1816 on a émis 136,547,419 fr. de rentes, et il n'en a été racheté que 58,957,511 fr. (2).

---

(1) Pour percevoir une somme nette de 87 millions, il faut débourser, au moyen des impôts indirects, 30 millions en frais de perception. Si l'on suppose que les employés sont rétribués en raison de leur utilité et de leur travail, on est amené à conclure que, dans des carrières industrielles ou scientifiques, ils accompliraient un travail dont la valeur ne saurait être moindre de 30 millions; c'est donc 60 millions qui se trouvent ainsi ravis à la production.

(2) Sur ces 58,957,511 fr., 16 millions seulement ont été réellement amortis : l'excédant reste inscrit au grand-livre. Ainsi donc il a été émis, depuis 1816,

Dès lors ne doit-on point sentir la nécessité de répudier un système qui ne repose que sur le mensonge et la déception?

Du moment où, en instituant une caisse d'amortissement on n'a point formellement interdit à l'état la faculté d'émettre de nouveaux emprunts, on a virtuellement détruit et annulé le principe du rachat. On l'a détruit par des moyens obliques, et, comme toute dissimulation ne peut à la longue qu'être nuisible à celui qui en fait usage, il est arrivé que ceux qui ont concouru à maintenir l'amortissement après que les motifs qui avaient nécessité son établissement avaient cessé, en trompant à leur insu et les contribuables et les rentiers, les ont grevés d'impôts onéreux et de frais considérables, et que, continuant à émettre des rentes en bloc pour les racheter ensuite par parcelles, on s'est constamment assujéti à payer plus cher ce qu'on avait vendu (1).

Si l'on veut rester fidèlement attaché au contrat qui engage l'état à amortir, ne serait-il point plus convenable qu'au lieu d'agir comme par le passé, c'est-à-dire qu'au lieu de commencer par *émettre des emprunts, pour les racheter ensuite*, on fît l'opération inverse, et qu'*on commençât par racheter* journellement des rentes à la bourse avec des fonds provenant de l'émission des bons royaux (2), pour *revendre ensuite ces mêmes rentes en bloc*

---

en rentes, y compris les 27 millions de l'indemnité des émigrés	136,547,419 fr.
La dotation de la caisse d'amortissement a été augmentée de	3,093,621
Total........................... ...	139,641,040
A déduire pour les rentes réellement amorties..........	16,020,094
Ainsi, indépendamment des sacrifices occasionés par l'entretien du fonds d'amortissement, la dépense *annuelle* de la dette publique s'est accrue, depuis 1816, de la somme de	123,620,946

(1) Il résulte de calculs rigoureusement établis que, depuis 1816, la différence entre le prix d'émission des emprunts et le prix moyen des rachats effectués par la caisse d'amortissement, constitue l'État en perte de 1,800,000 fr. de rente.

(2) Le trésor a une clientelle accoutumée qui vient journellement lui apporter

lorsque l'élévation des cours permettrait de les émettre, sinon avec bénéfice, du moins sans aucune perte : les intérêts et les *préjugés* de tous se trouveraient ainsi conciliés, et les contribuables se trouveraient soulagés des impôts les plus onéreux.

Nous devons toutefois avertir que ce moyen, bien qu'il soit légalement et immédiatement applicable, et que son application soit infiniment plus profitable à l'état que le système actuellement en vigueur, n'a d'autre valeur logique à nos yeux que celle de faire ressortir, d'une manière plus palpable, plus saisissable par ceux mêmes qui ne se sont jamais occupés des questions de finances, la puérilité de l'argumentation légale, et la manière dont ce qu'on appelle la *religion des contrats* a été jusqu'à ce jour observée par ceux mêmes qui s'en portent les défenseurs les plus fervens. Il existe toutefois un moyen plus efficace d'arriver à *amortir réellement* la dette perpétuelle, tout en supprimant le fonds d'amortissement actuel, et en introduisant les réformes financières que nous avons déjà développées. Ce moyen consisterait dans *la reconstitution des rentes viagères.*

Necker, en fondant un nouveau système de finances, émit simultanément pour les emprunts qu'il fut dans le cas de contracter, des rentes perpétuelles et des rentes viagères ; ces dernières ne sont point entièrement éteintes, et elles figurent encore dans le budget. Ce mode d'emprunt a été depuis lors abandonné. Il est juste de dire que cette émission de rentes viagères n'a point été faite alors avec tout le discernement et toutes les précautions dont on pourrait l'entourer aujourd'hui.

---

des fonds momentanément disponibles : les sommes qu'on lui apporte par ce moyen s'accroissent dans une telle proportion, que, pour en diminuer le chiffre il est successivement obligé d'en baisser l'intérêt. On pourrait prétendre qu'une pareille ressource ne pourrait point offrir une régularité assez certaine pour permettre d'établir un système constant de rachat ; on peut répondre à cet argument qu'un marché passé avec la banque de France pourrait assurer ce service. On sait du reste que le trésor ne peut pas aujourd'hui employer tous les capitaux qu'il s'est engagé d'emprunter à la banque.

Le besoin des rentes viagères s'est tellement fait sentir en France que déjà, depuis dix années, pour remplir cette lacune dans la constitution du crédit public, trois établissemens se sont formés à Paris, sous la dénomination de *Compagnies d'assurance* SUR LA VIE. Depuis plus d'un siècle de semblables associations sont en Angleterre en plein exercice ; trente *compagnies d'assurance* SUR LA VIE sont le résultat du besoin de prévoyance qui travaille tous les esprits. En France comme en Angleterre, les hommes les plus recommandables par leur crédit et par leur position sociale ont concouru à fonder ces utiles établissemens ; mais la nouveauté de ces institutions n'a point encore permis que les compagnies françaises soient parvenues à l'état prospère dans lequel se trouvent les mêmes sociétés chez nos voisins d'outre-mer. Quel que soit le crédit qui doit entourer les compagnies françaises, il est impossible que des sociétés particulières puissent, en dehors du cercle de la capitale et des cinq ou six principales villes industrielles de France, inspirer un degré de confiance assez étendu pour que chacun veuille leur confier entièrement et son avenir et l'avenir de ses enfans.

Le gouvernement seul peut contracter des engagemens dont la portée est si longue, dont l'exactitude est si importante.

Lorsque l'État se sera constitué *compagnie d'assurance sur* LA VIE, (1) alors on verra affluer dans les caisses du trésor les fruits des économies de *tous* les Français sans exception, et l'épargne du pauvre comme le capital du riche.

Voici quel est le mécanisme des *compagnes d'assurance sur* LA VIE :

En vertu de calculs de probabilités rigoureusement établis sur

---

(1) L'adoption de cette mesure ne saurait entraîner la révocation des compagnies qui ont été antérieurement autorisées ; il est à présumer cependant que ces sociétés particulières ne pourraient soutenir la concurrence du gouvernement et qu'elles finiraient par transiger avec lui.

tables de mortalité, ces sociétés reçoivent tous les versemens annuels et tous les capitaux qu'on vient leur apporter, et s'engagent à les rembourser :

1º Soit en une *rente viagère*, variable en raison de l'âge auquel elle doit commencer à être servie(1) ;

2º Soit en une *rente viagère* réversible sur une ou plusieurs têtes (2) ;

3º Soit en un *capital* augmenté des intérêts et des chances de mortalité, qui doit être payé dans le *cas du décès* de l'assuré (3) ;

---

(1) Le versement d'un capital de 1,000 produit *en viager* (les intérêts calculés à 4 °/₀)

A 35 ans —	60 fr.	90 c. de rente.
40 —	64	90
45 —	70	10
50 —	77	50
55 —	86	50
60 —	98	80
65 —	118	
70 —	130	
75 —	135	

(2) Dans le cas de réversibilité la quotité de la rente varie en raison de l'âge du constituant et de l'âge du survivant ; ainsi lorsqu'un mari âgé de 55 ans veut faire un placement viager de 1,000 francs, réversible après sa mort sur la tête de sa femme, âgé de 50 ans, il obtient 66 fr. 10 c. de rente ; si les deux époux ont 60 ans, la rente est de 78 fr. 50 c., etc.

(3) Pour assurer à sa famille un capital de 1,000 fr. après sa mort, il faut verser,

A partir de 20 ans —	59 fr.	60 cent. par an.
21 —	62	30
22 —	65	10
23 —	68	20
24 —	71	30
25 —	74	70
26 —	78	30
27 —	82	20
28 —	86	20
29 —	90	60
30 —	95	20
34 —	116	80

4º Soit enfin en un *capital* également augmenté des intérêts et des chances de mortalité, qui doit être payé dans le *cas de vie* de l'assuré (1).

Ces combinaisons principales, et d'autres qui n'en sont que des applications variées, se plient aux diverses positions des individus, et correspondent aux besoins que des situations diverses font naître. Rien de plus moral que ces placemens ; au moyen d'une légère économie annuelle faite pendant l'âge viril, l'homme peut s'assurer une retraite dans ses vieux jours, ou bien laisser à sa veuve ou à ses enfans un capital capable de les prémunir contre les vicissitudes dans lesquelles l'absence de larges institutions de prévoyance générale peut encore les laisser ; il peut également assurer une dot à sa fille, une garantie à ses créanciers, etc., etc.

Les tableaux de la compagnie sont calculés sur un intérêt de 4 p. 100 par an, et les bénéfices des actionnaires consistent dans la différence qui existe entre cet intérêt de 4 p. 100 et l'intérêt qu'elles obtiennent en plaçant les capitaux qui leur sont confiés. En général elles achètent des fonds publics, qui leur produisent environ 5 p. 100.

On voit donc que si l'état faisait les mêmes opérations basées sur les mêmes calculs, sur les mêmes tableaux, il pourrait amortir réellement des rentes perpétuelles, et bénéficier encore d'environ 1 p. 100 sur l'intérêt des rentes amorties. Dans une semblable combinaison tous y gagneraient : le contribuable, soit par la réduction des impôts, soit par la diminution de l'intérêt; le rentier,

---

(1) Au moyen d'un versement *annuel* de 100 fr., effectué à partir de l'âge de 10 ans, on obtient, à 40 ans, un capital de 7,079 fr., ou bien une rente viagère de 457 fr.

Le même versement effectué, à partir de 15 ans, on obtient à 40 ans un capital de 5,097 fr, ou bien une rente viagère de 329 fr.

Et à partir de 20 ans on obtient, à 60 ans, un capital de 14,944 fr., ou bien une rente viagère de 1,474 fr.

par l'élévation que les fonds éprouveraient de l'action non interrompue d'un amortissement *réel* et toujours croissant ; l'industrie en général, par la baisse qui en résulterait dans le taux de l'intérêt, enfin tous les Français, qui trouveraient dans le gouvernement un refuge tutélaire contre les perturbations et les coups de fortune dont sont souvent frappées, dans l'époque actuelle, les existences le mieux établies.

C'est en se montrant salutaire à *tous*, c'est en prenant la défense de *tous* les intérêts, c'est en combinant *toutes* les ressources financières de la France, qu'on pourra résoudre le problème qui paraît si difficile aux yeux des esprits préoccupés de la routine du passé ; à savoir, d'améliorer le sort de ceux qui travaillent et manquent de tout, sans nuire à ceux qui jouissent de tous les avantages de la société et sans les spolier.

Si l'on veut bien peser la partie politique des réformes financières que nous avons proposées, et dont ce qui précède n'est que le commentaire ; si l'on veut apprécier les avantages qui résulteraient de l'entière suppression des impôts sur le sel, sur les boissons, sur le tabac et sur la loterie, on ne pourra se refuser à reconnaître que le gouvernement qui serait hardiment entré dans une semblable voie, aurait acquis par là même plus de stabilité, plus de force, plus de popularité que par la concession la plus large qu'il pourrait faire de droits politiques et de lois libérales ; toutes mesures qui, pour le dire en passant, n'ont jamais empêché personne de mourir de faim.

En entrant dans une semblable voie, on accroîtrait immanquablement la prospérité matérielle de la France, et par suite on éloignerait toutes les chances de guerre, car quelle que soit la répugnance que peut inspirer aux souverains féodaux, telle forme de gouvernement, ou telle dynastie, ils réfléchiraient long-temps avant de venir troubler la prospérité de 33 millions d'hommes qui, comme l'a dit le grand Frédéric, peuvent commander à l'Europe ou la paix ou la guerre.

La paix est le premier besoin des sociétés ; c'est dans la paix que peuvent se développer les arts et l'industrie; les rois et les peuples commencent à comprendre que les grandes questions politiques ne peuvent plus se résoudre par la guerre. Les progrès de la civilisation, la diffusion des lumières, les communications plus rapides qui s'établissent entre les nations, l'extension des rapports commerciaux, tout concourt à subalterniser la puissance de la force brutale. Le règne des conquérans touche à son terme, car celui des travailleurs pacifiques est arrivé, et si l'on considère attentivement le mouvement qui s'opère dans tous les esprits, on reconnaîtra qu'une pensée féconde subjugue aujourd'hui bien plus promptement, bien plus profondément les peuples, que ne pourront jamais le faire les armées les mieux organisées.

Par la révolution de juillet, la France avait semblé lancer un défi audacieux à tous les potentats de l'Europe; en rejetant au-delà des mers les derniers représentans de la féodalité, la France avait rompu violemment avec toutes les aristocraties, et la légitimité cheminant silencieusement de Rambouillet à Cherbourg, semblait devoir donner le signal de la marche aux armées du Nord.

Au bruit de la chute d'une dynastie de dix siècles, peuples et rois se dressèrent en effet; les nations voisines crurent voir renaître en France la convention et le comité de salut public; on crut voir se lever menaçantes les quatorze armées de la république, et surgir, du sein de ces jeunes bataillons, un nouveau soldat de fortune destiné à promener encore du septentrion au midi ses cohortes victorieuses. En France, tous les yeux étaient fixés sur les frontières; on attendait un nouveau manifeste de Brunswick; Pitt et Cobourg, et leurs conjurations, semblaient devoir renaître; la double invasion se présentait hideuse à tous les esprits, et le vieux chant d'affranchissement et de guerre, *la Marseillaise*, se trouvait rajeuni et fesait battre tous les cœurs généreux.

Et tous s'armèrent, et tous se mesurèrent avec colère; une défiance générale fut le résultat de l'élément nouveau que la chute de Charles X avait introduit dans l'équilibre européen.

Quinze mois d'hésitation, pendant lesquels la France s'est saturée de vaines discussions sur des théories abstraites, désormais sans valeur, ont appris aux puissances du continent que l'entretien de leurs armemens extraordinaires était un lourd et inutile fardeau pour les peuples (1).

L'Angleterre fesant un triste retour sur le passé, comprit enfin qu'en triplant sa dette et en ruinant son commerce, sa lutte de vingt-cinq années, contre la révolution française, avait été impuissante à détruire le principe nouveau qui avait surgi en 1789. Les efforts de tous furent donc dirigés vers le raffermissement de la paix. Dire ici quels en furent les préliminaires et les conditions, dire à quel prix ce résultat a été obtenu, n'est point la tâche que nous nous sommes imposée; qu'il nous suffise d'indiquer la tendance générale des peuples, le progrès des idées

---

(1). Depuis la révolution de juillet, indépendamment des levées extraordinaires d'hommes et des augmentations d'impôts, il a été émis en Europe environ 800 millions d'emprunts nouveaux, répartis comme suit :

Hollande..	300,000,000 fr.
Autriche..	200,000,000
France (nonobstant les ventes de bois et l'émission extraordinaire de bons royaux)....................	140,000,000
Russie...	80,000,000
Belgique..	25,000,000
Piémont...	25,000,000
États romains...	16,000,000
Prusse (elle a émis, dit-on, de nouvelles obligations anglo-prussiennes, mais l'opération n'a point été publique, et le chiffre n'est point connu.).........	Mémoire.
Emprunts effectués.........	786,000,000

En France, pour couvrir les dépenses *extraordinaires* de 1832, on a vu que le budget devra être complété par l'émission d'un nouvel

emprunt de...	130,000,000
Et par une vente *extraordinaire* de bois de...........	50,000,000
La ville de Paris doit également émettre un emprunt de....	40,000,000

pacifiques, et la décroissance correspondante des sentimens guerriers.

Cette digression, qui toutefois n'est point étrangère au sujet que nous traitons aujourd'hui, nous a momentanément écarté de l'examen du budjet de 1832; nous y revenons. Depuis que M. Louis a présenté à la Chambre des députés ses lois de finances, on ne peut nier que les garanties de tranquillité extérieure ne se soient considérablement accrues, et que la France ne possède actuellement des gages de la conservation de la paix bien mieux établis que ceux qu'elle possédait à cette époque; les puissances féodales ont eu, depuis juillet, d'assez fréquentes occasions de rompre avec la France, pour qu'on puisse penser maintenant qu'elles n'entendent plus faire une guerre pour telle ou telle dynastie; et il est à présumer que les souverains du Nord ne songent plus à brûler une amorce en faveur de Charles X, ou de *l'enfant du miracle*. Ce n'est donc qu'une guerre de principes qui peut être faite à la révolution de 1830. Dès lors les conditions de la paix reposent uniquement sur la marche de la politique intérieure; c'est en calmant toutes les passions qui fermentent dans son sein, c'est en donnant satisfaction à tous les intérêts et à tous les besoins légitimes; en un mot c'est par l'union, c'est en resserrant le lien de l'association, que la France pourra acquérir cette force imposante, sans laquelle il n'y a point d'indépendance, ni de paix durables.

Les mesures financières que nous avons développées dans cet article, nous paraissent les plus propres à arriver à ce résultat, et nous pensons que si elles étaient immédiatement adoptées, on pourrait suspendre tous les armemens et même commencer à diminuer l'effectif de l'armée. Cent trente millions figurent au budget du ministère de la guerre pour allocations *extraordinaires*. Cette dépense pourrait être dès-lors supprimée du budget de 1832, et par suite l'emprunt de fr. 151,467,267, qui dans ce budget est destiné à couvrir cette dépense, deviendrait inutile.

On a vu que le chiffre total du budget devrait s'élever, après les réformes que nous avons proposé d'y introduire, à 946,309,674

La suppression du crédit *extraordinaire* de la guerre produirait une réduction de,
1° pour le crédit extraordinaire 130,128,000
2° pour les intérêts qui seraient retranchés du budget, par suite de la non émission de l'emprunt de 131,467,267 ; ci environ , 7,000,000

137,128,000

Le budget de 1832 ne s'élèverait donc en totalité qu'à 809,181,674

C'est par l'adoption de semblables mesures , que nous concevons pour les contribuables le soulagement des charges dont ils sont accablés; et certes, si l'on veut en diminuer le fardeau pour les générations futures, on y parviendra bien mieux en s'efforçant de ne point *augmenter* la dette par des dépenses *improductives* , qu'en cherchant à déplacer des fonds *utilement employés* pour *amortir* des emprunts au moment même où on les émet.

Diminuer le fardeau des générations futures ! telle est la préoccupation des défenseurs les plus intrépides de l'amortissement; on ne saurait se dissimuler qu'il y a dans cet argument une apparence de générosité et d'équité , qui n'a pas peu contribué au maintien de cette institution ; mais l'équité n'est qu'apparente et l'erreur dans laquelle on tombe à cet égard, provient uniquement de la pensée qu'il y a dans l'amortissement à *intérêt composé*, une vertu *reproductive*, indépendante de tout *travail* et de tous sacrifices pécuniaires. L'illusion est évidente, car le travail seul est productif. Dans l'amortissement, tout, au contraire, est impôt, et la dotation, et les rentes acquises, et les intérêts capitalisés, ne se grossisent chaque année qu'au moyen des quittances du percepteur et des écus du contribuable.

Amortir des rentes dans le but de soulager *l'avenir* en imposant *le présent*, c'est donc faire cette supposition absurde : que l'État est un être en dehors de la société; être fictif qui n'a point les mêmes besoins, les mêmes intérêts que les individus dont elle se compose. En se plaçant au contraire sur le terrain de la réalité, on conçoit que loin de se libérer, *l'État s'arrière* lorsqu'il ne tire point le meilleur parti possible des forces réproductives qu'il renferme dans son sein. Par l'amortissement il ne se libère point, car il ne fait que déplacer des capitaux, et dans ce déplacement il perd et il détruit d'une manière barbare, et tous les frais de perception, et le travail de ses employés, et les bénéfices des capitaux enlevés à la production.

Indépendamment de l'oubli où l'on tombe des véritables principes de la science économique, en maintenant le fonds de rachat de la dette, on concourt à entretenir la fascination du public, car quelques uns s'imaginent encore que l'amortissement soutient la rente et produit l'élévation des cours.

Certainement, si l'action non interrompue de l'amortissement n'était point génée par les nouvelles émissions de rentes qui s'effectuent avec une régularité désespérante, la masse des capitaux *oisifs* qui viennent journalièrement *s'offrir* à la bourse, pour obtenir un revenu assuré, tel que l'État seul peut le garantir; donnerait, à la longue, aux rentes un prix factice qui, par son élévation, serait hors de toute proportion avec le prix du *loyer* de l'argent et des terres (1). Cette élévation exagérée serait finale-

---

(1) Les rentes inscrites au grand livre de la dette publique se subdivisaient ainsi au 30 juin 1831 :

76,719,907 fr. de rentes	sont immobilisées ou acquises par la caisse d'amortissement.
10,451,114	appartiennent à des établissemens publics ou à des compagnies, et ne sont guère susceptibles d'être transférées.
9,209,572	sont limitées dans les départemens et ne sont point non plus fréquemment transférées.
96,380,593	

ment nuisible aux capitalistes et rentiers au profit desquels elle aurait été d'abord provoquée ; mais telle n'est point l'hypothèse où l'on doit se placer ; pendant que l'état amortit, il peut émettre et il émet en effet des emprunts qui dépassent le

Report.	96,380,593	
	111,160,023	appartiennent à divers propriétaires ; ces rentes et les précédentes sont ce qu'on appelle *classées*.
	511,600	sont au porteur ; elles appartiennent en général à des étrangers.
	5,959,904	sont dans les mains des banquiers, agens-de-change et capitalistes.
	214,012,120	Totalité de la dette inscrite au 30 *juin* 1831.

L'amortissement agit presqu'exclusivement sur les 6 millions de rente qui sont dans les mains des banquiers, agens-de-change et capitalistes ; c'est ce qu'on appelle les rentes *flottantes*, pour les distinguer des autres qui sont *immobilisées* ou *classées*.

Ce sont ces rentes flottantes qui seulent se jouent et produisent journellement ces brusques alternatives de hausse et de baisse. Au fur et à mesure qu'elles se classent, les grands spéculateurs peuvent plus facilement maîtriser les cours. Si cette partie de la dette n'était pas successivement alimentée par les nouvelles émissions d'emprunts, les chances de baisse seraient moins fortes ; car chaque jour la somme des rentes qui se *classent* est bien plus importante que celles qui se *déclassent*. C'est donc pour intervenir dans les transactions qui s'opèrent sur ces 6 millions de rente, que l'amortissement absorbe *chaque année* 87 millions. Il n'y avait au 30 décembre 1830, que 4 millions de rentes flottantes. Depuis cette époque 7,142,858 fr. de 5 pour °/₀ ont été émis, ils se sont répartis comme suit :

1,790,068 fr.	ont augmenté la somme des rentes flottantes (il y en avait au 31 décembre 1830, fr. 4,169,836, et au 30 juin 1831, fr. 5,959,904.
2,333,707	ont été acquises par la caisse d'amortissement du 1ᵉʳ janvier au 30 juin 1831.
3,019,083	se sont *classées* dans les mains des rentiers, également du 1ᵉʳ janvier au 30 juin 1831.
7,142,858	de rente, somme égale à l'émission.

Les relations du crédit ont fait de tels progrès en France depuis les premières années de la restauration, que, si la tranquillité publique n'est point troublée, le *classement* des rentes doit s'accroître dans une proportion très-forte, et pro-

chiffre des rachats. L'influence de l'amortissement comme élément de hausse a donc été et sera toujours neutralisée.

La fixation du prix des fonds publics dépend essentiellement de deux causes :

La première, celle qui régle les mouvemens journaliers, soit en hausse, soit en baisse, repose exclusivement sur les événemens politiques. L'ordre public et la sécurité des intérêts matériels sont les élémens certains de la hausse ; les perturbations, les désordres, les bouleversemens provoquent la baisse.

Les hommes de bourse en général n'ont point une prévoyance étendue ; ils jugent la politique au jour le jour. Jamais la France n'a émis un emprunt à un taux aussi élevé (1) que sous le ministère Polignac, et le 3 p. %, qui est tombé en mars ou avril derniers à 45 fr. 75 c. a presque atteint à cette époque le prix de 86 francs. La suppression du fonds d'amortissement, combinée avec la suppression des impôts indirects, aurait donc pour but de produire dans un temps très court une grande hausse sur les fonds publics, car le pouvoir en devrait retirer une grande *force* (et à la bourse ce mot est magique), et le peuple une satisfaction qui éloignerait pour longtemps les craintes de désordre.

La seconde cause, celle qui règle le mouvement général, et

---

duire dans un temps très-court, une hausse considérable dans le prix des fonds publics, et on ne peut se dissimuler aujourd'hui, que la diminution des charges qui pèsent sur les classes inférieures, est une condition essentielle du maintien de l'ordre et de la tranquillité publics.

Les ressources financières de la France, bien appréciées, sont assez puissantes pour qu'il ne soit point nécessaire de recourir à des moyens factices pour soutenir son crédit En établissant un équilibre entre l'émission des emprunts et le chiffre des rentes *non-classées*, on assure bien mieux la hausse que par l'action de la caisse d'amortissement. La brusque émission des rentes de l'indemnité produisit à la bourse la crise de 1826 ; et c'est au fur et à mesure que ces rentes se classèrent, que les fonds purent rapidement hausser et se maintenir à des prix élevés, jusqu'au commencement de l'année 1830, époque à laquelle fut émis l'emprunt de 4 %.

(1) L'emprunt du 4 %, à 102, 07 1/2.

dont on n'a point encore assez tenu compte, est *la baisse de l'intérêt.*

La masse des produits réalisés par le travail de l'homme, ne se consomme point au moment de la production ; il y a chaque année une *économie* plus ou moins considérable sur l'ensemble des produits. Cette économie, sous quelque forme qu'elle soit réalisée, vient incessamment grossir ; *le fonds de production*, les défrichemens, les routes, les communications de tous genres, les édifices publics et privés, les richesses des sciences et des arts, les outils et les machines, les produits de toutes les industries, enfin les métaux précieux, sont le magnifique héritage que les générations se lèguent en se succédant ; et de génération en génération ce legs se grossit et s'étend ; car le domaine du travail et de l'investigation de l'homme s'élargit sans cesse. C'est au moyen de cette accumulation de richesses, que s'améliore successivement la situation des travailleurs, que le *loyer* des *instrumens* de travail, fermages et intérêts, va toujours en décroissant.

La baisse de l'intérêt est corélative à la hausse du prix vénal de la rente ; c'est là seulement que repose pour l'avenir la garantie d'un véritable amortissement ; c'est dans la réduction des rentes, que les contribuables peuvent espérer d'obtenir un soulagement réel des charges que la dette publique leur fait supporter.

En même tems que l'intérêt baisse et que les relations de crédit s'établissent, on voit aussi s'accroitre les bénéfices du travail et le prix des produits. Cette considération jointe à la décroissance successive de la valeur des métaux précieux (1), est un argument de plus en faveur de l'abolition du fonds d'amortissement ; car une rente payable en espèces constituée sous Henri IV, ne représenterait plus aujourd'hui une aussi forte quantité de produits qu'au moment de sa création, par la même raison le poids de la

---

(1) Cette décroissance est autant le fait de l'introduction des *signes* de crédit dans les échanges, que du perfectionnement des moyens mis en usage pour l'extraction des divers métaux.

dette publique actuelle sera bien plus léger pour nos arrière-ne-veux que pour nous.

Depuis quinze années le crédit public a fait en France de rapides progrès; mais son développement ne s'est point effectué régulièrement. Diverses commotions politiques l'ont dérangé dans sa marche ascendente; c'est ce qui fait que les hommes purement *pratiques*, ceux qui ne jugent que les *faits*, ceux enfin qui ont constamment la face tournée en arrière, n'ont point su apprécier les véritables élémens du crédit; aussi se sont-ils fait un bouclier magique de la jonglerie de l'amortissement, et en fondant cette institution, préocupés qu'il étaient des catastrophes financières qui avaient signalé le dernier siècle, ils n'ont eu en vue que d'offrir un abri tutélaire contre le retour de pareilles calamités. Rembourser a été leur pensée dominante, et dans leur préoccupation, ils n'ont point compris que lorsque le remboursement est *ruineux*, l'état gaspille ses plus précieuses ressources et marche par là même vers un abyme.

Lorsque nous parlons de remboursement *ruineux*, nous ne pensons point qu'on puisse nous taxer d'exagération; cependant nous avons besoin de préciser plus exactement ce mot, afin d'en faire sentir toute la portée : nous avons déjà dit ce que coûtent en frais de perception et en pertes de forces les 86 millions de l'amortissement : voici maintenant les résultats comparés des emprunts et des rachats simultanés qui ont été opérés depuis 1816, jusqu'au 1er janvier 1831 (1).

Il a été vendu par l'État 102,404,561 f. de rente(2), qui ont prod. 1,492,836,403

Il a été racheté par l'a-

mortissement..... 55,492,208 fr. idem, qui ont coûté 1,035,734,446

Ainsi 46,912,353 fr. id. se trouvent émis pour 457,101,957

---

(1) Les 27 millions de rente accordés aux émigrés, ni l'emprunt contra été en 1831 ne sont compris dans ces calculs.

(2) Le *prix moyen* de ces diverses rentes est 72 fr. 84 c.

En déduisant de cette somme de 457,101,957 fr., environ 200 millions pour les frais de perception (1) occasionés par le *milliard* qui a été employé par la caisse d'amortissement, le soldé ci-dessus de 46,912,353 fr. de rente n'a produit *net* au trésor que 256 millions, ce qui représente une émission de rentes 5 p. % au prix de 27 fr. 42 c.

Si, sur les mêmes données, on veut encore apprécier plus exactement ce qu'a de désastreux l'opération du rachat; qu'on envisage avec attention ces simples rapprochemens :

Par l'action simultanée de l'amortissement et de l'émission des nouveaux emprunts ; il s'est effectué, ainsi qu'on vient de le voir, un *revirement* de rentes duquel il résulte que l'État reste débiteur de 46,912,353 fr. de rente, qui lui ont produit un capital de.........................	457,101,957
Pour effectuer cet échange l'État a réellement déboursé en frais de perception.................	200,000,000
Il n'est donc rentré dans les caisses publiques qu'une somme nette de...........................	257,101,957
Pour obtenir une somme égale, il ne faudrait émettre aujourd'hui que...........................	13,531,682 de rente.
On vient de voir qu'au contraire il a été émis au moyen de la combinaison de la caisse d'amortissement...............................	46,912,353 de rente.
La tirelire financière a donc fait inscrire au grand livre EN PURE PERTE....................	33,380,670 de rente.
Soit en capital au cours actuel du 5 % (95 fr.)....	634,233,000 fr.

D'après un semblable résultat on est conduit invinciblement à reconnaître cette vérité désespérante : à savoir que depuis 1816 jusqu'au 1er janvier 1831, les *deux tiers* des sommes perçues par

---

(1) Si 70 millions d'impôt sur les boissons coûtent 20 millions de frais de perception et produisent net, par conséquent, 50 millions; une somme nette de 1,035.734,446 fr. devrait avoir coûté 414 millions; en portant donc ici seulement 200 millions, le chiffre est loin d'être forcé.

la caisse d'amortissement, ont été *entièrement dévorés* par les frais de perception et par les bénéfices de l'agiotage, et qu'un *tiers seulement* (1) a été consacré à l'extinction de la dette; est-ce un dédommagement suffisant pour tous les sacrifices que la France s'impose ?

La première partie de ce travail était déjà sous presse, lorsque les événemens dont Lyon vient d'être le théâtre nous ont été connus. De ces scènes de carnage et de désolation, résulte un enseignement terrible pour les hommes chargés du maniement des affaires publiques. A l'aspect de cent mille prolétaires, hommes et femmes, que la faim pousse à la rébellion la plus effroyable; à l'aspect de ces malheureux fabricants que la concurrence impitoyable pousse à la banqueroute ou à la mort; à l'aspect des perplexités de la France entière que cette épouvantable catastrophe a remplie d'effroi, et qui commence à entrevoir l'énormité des dangers qu'une vicieuse répartition des impôts et une mauvaise distribution des fruits du travail peut lui faire courir, nul ne sera sans doute tenté de temporiser et de célébrer encore les douceurs du *statu quo*; la situation actuelle est insoutenable et nous pensons que le moment est venu de sonder hardiment la plaie du corps social

En présence de ces grand maux, les grands remèdes sont indispensables. Le moment des petites modifications financiéres est passé; c'est par de larges améliorations qu'on pourra soulager ces profondes douleurs; jusques à ce jour on a beaucoup disserté sur la nécessité d'introduire des changemens dans l'assiette de l'impôt; le moment est venu où de la théorie on doit passer à la pratique, où les actes doivent remplacer les discours.

---

(1) Afin d'être plus rigoureux dans nos calculs, nous nous sommes bornés à les établir sur les élémens que nous avons puisés dans les comptes produits par le ministre des finances ; si, aux frais de perception, nous eussions joint la perte occasionnée par l'emploi improductif des employés, la totalité des sommes perçues par la caisse d'amortissement aurait été absorbée.

Nous avons longuement développé les funestes conséquences qui résultent du maintien de la caisse d'amortissement, et nous avons donné les moyens d'établir un mode réel de rachat, mode qui aurait pour objet de satisfaire en même tems aux intérêts de l'industrie, comme à ceux des contribuables et des rentiers ; il nous reste maintenant à prouver, qu'en maintenant au budget de 1832, les 30 c. additionnels perçus en 1831 sur la contribution foncière, nous ne gréverions en aucune façon les propriétaires fonciers ; quelque étrange que cette proposition puissse paraître de prime abord, il nous sera facile d'expliquer notre pensée en peu de mots.

La propriété est tellement divisée en France, (1) qu'en établissant un calcul sur une cote *foncière* de 500 francs, on aura compris dans ses prévisions l'immense majorité des propriétaires et ceux surtout dont la situation mérite les plus grands ménagemens.

D'après le budjet de 1832, dont on a supprimé les 30 c. additionnels *extraordinaires*, le principal de la contribution foncière se trouve angmenté de

<pre>
  16 cent. sans affectation spéciale.
  19   pour dépenses fixes, variables et fonds commun des dé-
            partemens.
   2   pour non valeurs et dégrevemens.
          ─────────
Ensemble 37 cent. additionnels *ordinaires*.
</pre>

500 francs de contribution foncière se composent donc de 365 f. en principal, et de 135 fr. pour les 37 c. additionnels ; si les 30 c. extraordinairement perçus en 1831, se trouvaient rétablis pour 1832, une taxe foncière de 500 fr. éprouverait donc une augmentation de 109 fr. 50 c.

---

(1) Nous trouvons, dans un ouvrage publié en 1830 par **M. Armand Séguin,** un état et classement des cotes foncières aujourd'hui en recouvrement ; nous le

Si l'on calcule maintenant le dédommagement qu'offrirait la suppression des impôts des boissons, du sel et du tabac, sur l'économie dans les frais d'un ménage, on reconnaîtra que ce n'est point la priser haut que de l'évaluer à 109 fr. 50 c. par an.

Que l'on veuille bien remarquer en outre que par la franchise de l'exploitation du sel, des tabacs et de la culture de la vigne; la consommation, et par suite l'industrie agricole et manufacturière, éprouverait un tel accroissement, soit par le plus facile écoulement des produits, soit par l'accroissement qui en résulterait sur l'ensemble de la richesse publique, que la valeur des propriétés territoriales devraient promptement s'améliorer dans une proportion très-forte; de cette amélioration résulterait encore un nouveau dédommagement pour les propriétaires. D'ailleurs, comme on ne saurait trop le répéter : le bien-être de la classe la plus nombreuse est l'élément principal de la tranquillité et de la propriété publiques; or, par un temps calme et prospère, la proprtété augmente rapidement de valeur dans une proportion considérable.

Les relations des gouvernans et des gouvernés sont telles aujourd'hui, qu'il est à peu près impossible aux premiers d'intervenir dans le réglement des intérêts des autres; et l'on voit que

---

rapportons ici à titre de renseignement, en avertissant toutefois que l'auteur n'ayant point fait connaître comment il avait pu le dresser, nous n'avons pu en vérifier l'exactitude.

Au-dessous de 20 fr. par tête, il y a			8,024,987 cotes foncières;
de	20 fr. à	30	663,237
de	30	50	642,345
de	50	100	523,991
de	100	300	322,659
de	300	500	68,457
de	500	1000	33,662
de	1000 et au-dessus		13,447.
	Ensemble		10,296,785 cotes.

quand ils veulent sortir de cette limite étroite, ils ne peuvent, comme il vient d'arriver à Lyon, chercher à satisfaire quelques intérêts, sans blesser profondément d'autres intérêts non moins respectables. Par la forme et le principe du gouvernement actuel, il est donc, et à bon droit, interdit au pouvoir de s'immiscer *directement* dans les rapports individuels, si ce n'est pour réprimer les collisions, les désordres, les chocs violens ; l'action gouvernementale est aujourd'hui purement *négative* ; elle consiste presque exclusivement dans des fonctions de police. Ce rôle, bien qu'encore nécessaire, est évidemment indigne des hommes qui, par la position élevée qu'ils occupent dans la hyérarchie sociale, peuvent considérer toute l'étendue des maux qui affligent la nation tout entière ; et on doit s'efforcer de hâter le moment où le pouvoir aura mission d'intervenir *positivement* dans les rapports des hommes pour les régler, pour les harmoniser, pour les diriger vers un but commun, vers l'amélioration du sort de *tous* et de *chacun*. En attendant que ce moment soit venu, le pouvoir doit, par tous les moyens que la législation actuelle lui permet de mettre en usage, chercher à dégager de plus en plus *la production* des entraves qui nuisent à son développement ; c'est à quoi l'on pourrait arriver en partie en adoptant les mesures financières que nous avons proposées ; il devrait en outre, par l'adoption et la mise à exécution d'un vaste système de communications, maintenir le prix de la main-d'œuvre à un taux toujours croissant. Des travaux créés simultanément sur tous les points de la France, auraient sur la fixation des salaires une influence autrement tutélaire, autrement durable que l'adoption de tous *les tarifs* légaux ou illégaux.

En même tems que les canaux, les routes et les chemins de fer que l'on pourrait ouvrir, procureraient du travail à ceux qui en manquent, et diminueraient la concurrence que se font les prolétaires, souvent au prix des plus dures privations ; ils concourraient à accroître et les bénéfices de l'industrie et la valeur des propriétés.

A cette occasion, et sans entrer dans l'examen des réformes que le système des douanes nécessite impérieusement, nous pensons que pour faciliter la construction des chemins de fer, on pourrait accorder aux concessionnaires des entreprises qui, à l'avenir, pourront être fondées, la faculté d'introduire, en franchise de droits, des fers étrangers pour l'emploi *spécial* des chemins en construction. Cette disposition transitoire, toute d'intérêt général, ne préjugerait en rien la grande question de l'abaissement du tarif des fers et des fontes.

Nous dirons quelques mots des primes d'exportation que nous avons rayées du budget : « C'est, dit-on, une restitution de » droits, une prime d'encouragement donnée à l'industrie natio- » nale. » Nous pensons qu'il vaudrait infiniment mieux soulager la masse des contribuables des dix millions que ces primes absorbent chaque année, et n'attendre que de l'aisance publique un accroissement de consommation qui, combiné avec les progrès des industries si étrangement encouragées, serait bien plus propre à activer le développement du travail, que cet auxiliaire ruineux et factice.

Le système actuel des impôts et le régime des douanes, ne sont certes point avares de grosses erreurs d'économie politique ; mais il faut avouer qu'il serait difficile d'en trouver de plus choquantes que celle des primes d'exportation ; quand on en examine les résultats, on est forcé de reconnaître que l'homme qui administrerait ainsi sa propre fortune, serait dans un cas flagrant d'interdiction ; une courte citation suffira pour prouver l'exactitude de notre assertion, voici le mouvement d'entrée et de sortie des sucres pendant l'année 1830 :

69,626,926 kilog.   sucres bruts de toutes espèces sont entrés et ont payé, à raison de 49 fr. 50 c. par 100 kilog.   53,535,174 fr.

(Le supplément de droits pour le sucre provenant des colonies étrangères ne mérite point d'être mentionné, en raison de la faible quantité que la surtaxe permet d'importer.)

14,986,352 kilog.   ont été exportés sous la forme suivante :

8,419,780 kilog. en sucre raffiné, et ont perçu la prime à raison de 120 fr. par 100 kilogrammes.   10,,101678

6,566,572 kilo. en mélasse, avec prime de 12 f.   787,988   } 10,889,666 fr.

14,986,352

54,640,584 kilo. ont été consommés en France et ont produit net,   22,645,508 fr.

Si, comme nous venons de le dire, on supprimait la prime d'exportation, et si l'on réduisait en même temps à 25 fr. par cent kilogrammes (décime compris) le droit d'entrée sur les sucres coloniaux (qui est aujourd'hui de 49 fr. 50 c.); au lieu de 70 millions de kilogrammes qui sont importés, eu égard au droit actuel, l'importation s'élèverait à 100 millions de kilogrammes qui produiraient au trésor 25 millions. Cette mesure aurait immédiatement pour effet d'activer le commerce et la navigation, d'augmenter la consommation, et par suite le travail des raffineries, puis enfin de réaliser un supplément de recettes de quelques millions.

Les réclamations des fabricants de sucres de betteraves ont en grande partie mis obstacle à l'adoption de cette mesure ; il ne faut point penser toutefois que cette réduction du droit d'entrée des sucres de canne porterait un coup mortel à la fabrication du sucre indigène ; des renseignemens qui nous ont été fournis à cet égard, et sur l'exactitude desquels nous croyons pouvoir compter, prouvent, au contraire, que nonobstant la réduction de 25 fr. par cent kilogrammes, cette industrie pourrait continuer ses travaux avéc avantage (1). Quoiqu'il en soit, si la fabrication de sucre indigène ne pouvait se soutenir qu'à l'aide d'un droit aussi exorbitant que celui qui est aujourd'hui perçu (cent kilogrammes de sucre livrés à la consommation au prix de 120 et même 110 fr., ont payé au fisc 49 fr. 50 c.), il faudrait se hâter de reconnaître que cette industrie est mauvaise, et qu'en continuant à la la protéger aussi aveuglement, ou augmenterait les embarras de l'avenir; si donc la réduction du droit devait (ce que nous ne pensons point) rendre impossible, sans perte, l'exploitation de ces fabriques; il faudrait malgré tout passer outre, mais accorder en même temps des indemnités aux individus que cette mesure aurait blessés; les contribuables trouveraient promptement un ample dédommagement à ce sacrifice temporaire.

Pour en finir avec les primes d'exportation, et pour en bien faire apprécier la bizarrerie, nous pensons qu'il nous suffira de résumer en deux chiffres les résultats de cette mesure : les sucres indigènes fabriqués à Paris, tout aussi bien que les sucres exotiques raffinés (car il est impossible de constater la différence), se vendent à Paris même à raison de 24 sous la livre; les *mêmes sucres*, transportés à Genève, peuvent s'y vendre, malgré les frais de transport, à raison de 10 sous; l'État ayant accordé pour le déplacement une prime de 12 sous par livre ! Combien d'infortunés contribuables français se trouveraient heureux de profiter de ce sacrifice que l'état s'impose aussi bénévolement?

Nous croyons inutile de développer pour les laines l'inutilité de la prime d'exportation; le principe est le même, les conséquences n'en peuvent être différentes.

Dans le cours de notre travail, on aura pu remarquer, qu'en

---

(1) La qualité de sucre indigène brut qui se vend au moins 125 f. les 100 kilog. revient, aux fabriques de Valenciennes et d'Arras, à environ 80 fr. La réduction de 24 fr. 50 c., opérée sur le droit des sucres exotiques, ferait baisser le prix de vente à 100 fr. 50 c., et laisserait par conséquent un bénéfice suffisant à ces établissemens.

cherchant dans l'impôt et dans l'organisation financière , les moyens de remédier aux souffrances de *toutes* les classes de la société ; nous nous sommes principalement attaché à signaler les réformes générales, celles qui peuvent avoir une influence directe, immédiate, sur la prospérité publique. L'expérience a dû prouver en effet que les petites modifications ont toujours été impuissantes à atteindre ce but ; et si l'on veut récapituler les économies qui, sous la restauration , ont été obtenues par l'examen et la discussion des quinze budgets que les chambres ont votés, on sera forcé de reconnaître que ces économies n'ont jamais valu la perte de tems qu'elles ont occasionnée.

Par la loi du 12 décembre 1830, l'impôt sur les boissons a été réduit de 34,168,000 fr. , et l'économie dans les frais de perception n'a été que de 1,929,400 fr. , soit 5, 6/10 pour cent. Les frais de perception de ce qui se perçoit actuellement sur l'excédant du même impôt s'élèvent à 20 6/10 pour cent ; c'est en introduisant ainsi des réformes partielles et incomplètes qu'on laisse peser sur les contribuables le fardeau dévorant de la bureaucratie.

Nous n'avons indiqué aucun retranchement sur le budget du ministère des cultes et de l'instruction publique ; la révision de ces dépenses est un examen de détail, qui peut éprouver d'importantes modifications dans le sein des commissions de la chambre ; il nous suffira de dire, en termes généraux, qu'en attendant que l'Etat puisse, sans briser trop brusquement des existences , supprimer la subvention accordée à tous les cultes sans distinction , laissant ainsi à la piété des fidèles le soin de pourvoir aux besoins de leurs pasteurs ; nous pensons qu'on pourrait opérer des retranchemens sur les traitemens du haut clergé, afin d'augmenter les fonds consacrés à l'instruction primaire.

Il suffira de citer quelques chiffres de ce budget pour faire sentir la nécessité de ces modifications :

900,000 fr. sont alloués pour l'instruction *de tous* les prolétaires français ;

375,000 forment le traitement de quatorze archevêqués ;

990,000 forment celui de soixante-six évêques.

Un tel rapprochement doit être choquant aux yeux même des hommes les plus pénétrés de la foi catholique.

Mais en même tems que la société se montre si parcimonieuse lorsqu'il s'agit d'instruire et de moraliser le peuple, elle sait être prodigue lorsqu'il s'agit de sévir, de frapper. Le budget de la justice s'élève à 19,469,700 fr. ; dans cette somme figure seulement pour les cours d'assises et les frais de justice criminelle, 3,500,000 fr. Ce n'est point encore à cela que se borne cette fâcheuse allocation ; 2,156,700 figurent en outre au budget de la marine (page 429) pour la dépense générale des chiourmes. Quel luxe pour les malheureux forçats ! une ligne du budget fixe le crédit de l'instruction primaire, et un chapitre entier est consacré aux bagnes. Si on eût su dépenser ces sommes à propos, ces hommes, au lieu d'être le fléau de la société, en eussent été des membres utiles, et on aurait ainsi pu prévenir bien des chutes, empêcher bien des crimes !

Un projet de loi sur l'instruction primaire a été présenté dans cette session ; tout porte à croire qu'il ne sera point discuté. M. Arago a fait une proposition dans le but d'organiser des écoles industrielles, complément indispensable de l'éducation des travailleurs ; cette proposition a été ajournée. La chambre devrait cependant songer que de semblables mesures sont autrement importantes qu'une loi sur le bannissement des Bourbons et des Bonapartes.

La liste civile ne figure sur le budget que pour mémoire. Des économistes de cour ont essayé d'insinuer qu'une liste civile élevée était indipensable pour *faire aller le commerce*. En présence de la misère publique, et des calamités qu'occasionne la faim, une telle aberration d'esprit est certainement plus qu'une faute, et il faut espérer que la chambre fera justice de ces prétentions pour la plupart intéressées.

Diminuer les charges qui pèsent sur les classes inférieures sans

troubler l'existence des classes supérieures ; activer la consommation et la production ; développer le travail et produire successivement une hausse dans le prix des salaires ; augmenter les
moyens d'instruction, et arriver par suite à diminuer les moyens
de répression par une meilleure direction des richesses sociales,
par la fondation d'un vaste système de banque, qui faciliterait
la prompte circulation des signes de crédit, et établirait successivement un lien plus étroit entre les diverses localités et l'ensemble des travailleurs ; produire sur l'intérêt des capitaux une
baisse que réclament les améliorations de l'agriculture et de l'industrie ; constituer l'État caisse d'épargne, et distributeur des
fonds de retraite à tous les hommes économes et prévoyans ; tel
est le but que nous nous sommes proposé d'atteindre.

Notre travail est le résultat d'une conviction intime ; en exposant nos vues, nous avons la conscience d'avoir accompli une
œuvre utile, une œuvre morale ; en en conseillant l'application
immédiate, nous croyons remplir un devoir politique de la plus
haute importance.

Lorsqu'un impôt excite et soulève des répugnances générales ;
lorsque, sur divers points, on refuse violemment de l'acquitter ;
lorsque, par ceux-là même qui l'appliquent, il est reconnu injuste et véxatoire, il appartient à la prévoyance du législateur
d'y mettre un terme sous peine des plus graves désordres. Dès
qu'un impôt est établi il doit être perçu, car tout est lié dans
l'organisation sociale ; et si les services publics sont arrêtés par
une réaction inévitable, les travaux industriels sont suspendus.
Lors donc qu'on veut assurer le développement régulier de la
production et de l'administration publique, on ne doit voter une
dépense et maintenir un impôt, qu'après en avoir reconnu l'in-
dispensabilité.

En suivant une route opposée, on se jette imprudemment dans
une voie périlleuse, subversive de tout ordre ; et on se rend par-
là même complice de toutes les conséquences funestes qui peuvent
ultérieurement en résulter.

Émile PEREIRE.

POST-SCRIPTUM

(11 décembre 1831.)

Le résultat de la séance de la chambre des députés d'hier doit faire sentir à la presse quotidienne qu'il est urgent qu'elle entre enfin sérieusement dans la discussion des questions de finances et d'économie politique.

La discussion du budget est proche ; il faut que les hautes questions qui se rattachent à l'assiette de l'impôt soient élaborées par la presse avant d'être traitées à la tribune : ce préliminaire est indispensable.

Les récriminations ne peuvent produire aucun résultat utile ; il y a maintenant une œuvre plus importante à accomplir. Les circonstances sont trop graves, et ce n'est qu'en cherchant réciproquement à s'éclairer, qu'on pourra trouver un remède efficace à un mal profond, qu'on pourra trouver l'issue du labyrinthe politique dans lequel on s'enfonce chaque jour davantage.

« Les hommes ne se battent et ne se disputent que parce qu'ils ne savent point se comprendre », a dit un grand homme, et chaque jour la vérité de ce principe est plus sensible.

En supprimant *provisoirement* les trente centimes additionnels de la contribution foncière, la majorité de la chambre des députés ne saurait être absolument taxée

d'égoïsme; car en présence des dangers que les conséquences d'un tel système pourraient entraîner, en présence des désastres récens qui ont éclaté dans la seconde
ville de France, on ne saurait lui supposer une telle
préoccupation; en sanctionnant aveuglement par un
vote précipité les étranges principes d'économie politique de M. Charles Dupin, on peut affirmer au contraire
qu'elle ne s'est même point rendu compte de ce que ré-
clamaient ses véritables intérêts.

M. Charles Dupin en exposant sa théorie de l'assiette
de l'impôt, a déclaré qu'il serait toujours prêt à la soutenir. Le travail qui précède est une réfutation anticipée
des maximes qu'il a posées; cet écrit sera distribué à
tous les membres de la chambre des députés; M. Dupin
peut donc critiquer mes calculs là où bon lui semblera;
il me trouvera toujours prêt à lui répondre ouvertement,
et pour le faire j'ai à ma disposition les colonnes de
deux ou trois journaux.